BEI GRIN MACHT SICH IHR WISSEN BEZAHLT

AF156745

- Wir veröffentlichen Ihre Hausarbeit,
  Bachelor- und Masterarbeit

- Ihr eigenes eBook und Buch -
  weltweit in allen wichtigen Shops

- Verdienen Sie an jedem Verkauf

Jetzt bei www.GRIN.com hochladen
und kostenlos publizieren

Bibliografische Information der Deutschen Nationalbibliothek:

Die Deutsche Bibliothek verzeichnet diese Publikation in der Deutschen National-
bibliografie; detaillierte bibliografische Daten sind im Internet über http://dnb.d-
nb.de/ abrufbar.

Dieses Werk sowie alle darin enthaltenen einzelnen Beiträge und Abbildungen
sind urheberrechtlich geschützt. Jede Verwertung, die nicht ausdrücklich vom
Urheberrechtsschutz zugelassen ist, bedarf der vorherigen Zustimmung des Verla-
ges. Das gilt insbesondere für Vervielfältigungen, Bearbeitungen, Übersetzungen,
Mikroverfilmungen, Auswertungen durch Datenbanken und für die Einspeicherung
und Verarbeitung in elektronische Systeme. Alle Rechte, auch die des auszugsweisen
Nachdrucks, der fotomechanischen Wiedergabe (einschließlich Mikrokopie) sowie
der Auswertung durch Datenbanken oder ähnliche Einrichtungen, vorbehalten.

Impressum:

Copyright © 2010 GRIN Verlag
Druck und Bindung: Books on Demand GmbH, Norderstedt Germany
ISBN: 9783346030252

Dieses Buch bei GRIN:

https://www.grin.com/document/499413

Jürgen Hönle

EBIS. Fachsoftware für die Suchtkrankenhilfe

GRIN Verlag

GRIN - Your knowledge has value

Der GRIN Verlag publiziert seit 1998 wissenschaftliche Arbeiten von Studenten, Hochschullehrern und anderen Akademikern als eBook und gedrucktes Buch. Die Verlagswebsite www.grin.com ist die ideale Plattform zur Veröffentlichung von Hausarbeiten, Abschlussarbeiten, wissenschaftlichen Aufsätzen, Dissertationen und Fachbüchern.

Besuchen Sie uns im Internet:

http://www.grin.com/

http://www.facebook.com/grincom

http://www.twitter.com/grin_com

Seminararbeit
An der Katholischen Universität Eichstätt-Ingolstadt
Fakultät für Soziale Arbeit
Bachelorstudiengang Soziale Arbeit

EBIS - Fachsoftware für die Suchtkrankenhilfe

Einblicke und fachliche Bewertung

Veranstaltung: Fachsoftware in der Sozialen Arbeit

Vorgelegt von: Jürgen Hönle

Eichstätt, 12.04.2010

Inhaltsverzeichnis

0 EINLEITUNG – „Wo Soziale Arbeit draufsteht, muss auch Soziale Arbeit drin sein!"[1]

Computer, Internet, Handy und Co. haben viele Bereiche des beruflichen und privaten Lebens angenehmer und komfortabler gemacht und sind längst zu einem unverzichtbaren und festen Bestandteil unseres Alltags avanciert. Nicht umsonst definieren wir uns als Informationsgesellschaft, deren zentrales Merkmal scheinbar der verbreitete Einsatz von Informations- und Kommunikationstechnologien ist.

Natürlich machen diese Entwicklungen auch nicht vor dem System des Helfens, der Sozialarbeit, halt. Obgleich „die systemische, der ganzheitlichen Betrachtung bedürfende Welt der Sozialen Arbeit und die lineare, kybernetische Welt der IT."[2] auf dem ersten Blick nicht auf eine große gemeinsame Schnittmenge schließen lassen. In der Tat hat aber der Technisierungsgrad des Sozialen bereits längst die Grenzen der obligatorischen Office-Anwendungen verlassen und es wird mit bereichs- und aufgabenspezifischen Anwendungsprogrammen[3] zunehmend versucht, auch „fachliche Kernprozesse wie psychosoziale Diagnostik, Hilfeplanung, Dokumentation und Evaluation in der Software abzubilden."[4]

In einigen Tätigkeitsfeldern wie der Pflege oder der Kinder- und Jugendhilfe gehört die Arbeit mit Fachsoftware längst zum Standard. Und auch die damit zu erreichende Qualitäts- und Effizienzsteigerung scheint offensichtlich zu sein[5]. In anderen Bereichen, wie der Straffälligen-, Wohnungslosen- oder Suchtkrankenhilfe, fällt dagegen bereits die Angebotsstruktur eher dürftig aus und in den Einrichtungen dürfte die IT-Durchringung weitaus weniger üblich sein.[6]

Sicherlich mag das einerseits an der immer noch verbreiteten Skepsis mancher Praktiker liegen, die in der zunehmenden Technisierung die Gefahr

---

1 Göppner/Hämäläinen (2004), S. 293
2 Klassen, Michael (2006), S. 52
3 Vgl. Kreidenweis, Helmut (2005): Fach- oder Branchensoftware, deren „Funktionalität auf einen bestimmten Organisationstypus ausgerichtet ist und außerhalb dieses Bereichs zumeist nicht sinnvoll eingesetzt werden kann."
4 Kreidenweis, Helmut (2008), S. 22
5 Vgl. Kreidenweis, Helmut (2008), S. 21 und Klassen, Michael (2006), S. 50: Klassen spricht von einer durchschnittlich etwa 20%igen Effizienzsteigerung bei erfolgreicher Softwareeinführung.
6 Laut DHS gibt es bundesweit ca. 1000 Beratungsstellen und 15000 stat. Einrichtungen der Suchtkrankenhilfe. Dagegen sind auf dem Online-Verzeichnis Softwarelösungen für die Sozialwirtschaft (social-software.de) nur 12 Programme für diesen Bereich gelistet

wittern, dass „die klassischen Sozialarbeitstugenden"[7] untergraben und ihre professionelle Autonomie geschwächt werden könnte.[8] Jedoch sind auch die Softwarelösungen selbst als ein wesentlicher Einflussfaktor zu betrachten. Denn in den meisten Fällen haben noch immer nicht Sozialarbeiter die „Definitionsmacht in der Softwarekonstruktion"[9], sondern Dipl.-Ingenieure, ohne dezidierte Kenntnisse der humanistischen Seite und dem jeweiligen Handlungsfeld.[10]

Ergebnis: Die Programme sind oftmals in der Anwendung zu komplex und orientieren sich nur bedingt an den tatsächlichen Workflows und Arbeitsprozessen der Sozialen Arbeit.[11]

Angesichts der verhaltenen Akzeptanz mancher Praxisfelder gegenüber dem IT-Einsatz möchte ich letztgenannte These, der mangelnden softwareergonomischen und aufgabenangemessen Konzeption von Fachsoftware, exemplarisch anhand des Einrichtungsbezogenen Informationssystems (Ebis) für den Bereich der Suchtkrankenhilfe, überprüfen.

Hierzu werde ich zunächst nochmals den Zusammenhang zwischen Anwenderakzeptanz und Nutzungsqualität verdeutlichen. Nach einer kurzen Vorstellung des Programms folgt ein Vergleich der Programmeigenschaften von Ebis mit entsprechenden Idealkriterien, um dann auf diesem Hintergrund fachlich fundierte Aussagen bzgl. des Nutzwertes treffen zu können.

1 AKZEPTANZ VS. NUTZUNGSQUALITÄT

Ob ein Programm wirklich genutzt wird, ist in erster Line abhängig von der Akzeptanz des potenziellen Anwenders, also von dessen positiver Haltung gegenüber der Technologie (Einstellungsakzeptanz) und seiner Bereitschaft, diese in konkreten Anwendungssituationen aufgabenbezogen einzusetzen. (Verhaltensakzeptanz).[12]

---

7   Klassen, Michael (2006), S. 50
8   Vgl. Ley, Thomas (2006), S. 46
9   Halfar, Bernd (1997), S. 113
10 Vgl. Rabeneck/Antrack (2006), S. 48
11 Vgl. Kreidenweis, Helmut (2008), S. 29
12 Vgl. Anstadt, Ulrich (1994), S. 70 und Technology-Acceptance-Modell (TAM) von
    Davis (1989), zitiert nach Bürg und Mandl (2004), S. 11

Ausschlaggebend ist dabei die wahrgenommene Nutzungsqualität[13], die sich definiert durch die Gebrauchstauglichkeit (Useability) einer Software bezogen auf den jeweiligen Nutzungskontext, also die jeweilige Aufgabenstellung, den Benutzer und die vorfindliche Arbeitsumgebung.

Demzufolge ist festzuhalten: Je effektiver und effizienter die Aufgabenerledigung und Zielerreichung, je einfacher und zufriedenstellender Aufbau und Funktionalität und je besser die Integrationsmöglichkeiten in die bestehenden Organisationsstrukturen, desto höher ist die Akzeptanz und somit die tatsächliche Nutzung einer Software.

Qualität, Nutzwert und Akzeptanz des Ebis-Systems werden sich also maßgeblich dadurch definieren, inwieweit die Benutzer – i. d. R. Sozialarbeiter und Sozialarbeiterinnen – unter Anwendung des Programms, die durch die jeweilige Aufgabenstellung – in diesem Fall die Hilfe für Abhängigkeitserkrankte – vorgegebenen Ziele – im weitesten Sinne die subjektiv erlebte Verbesserung der Lebensqualität der Adressaten – effektiv, effizient und zufriedenstellend erreichen können.[14]

2 VORSTELLUNG DES PROGRAMMS

2.1 Allgemeine Informationen und Eckdaten[15]

Die Papierversion von Ebis wurde bereits 1980 im Rahmen eines Bundesmodells und in Kooperation mit den Verbänden der freien Wohlfahrtspflege vom Institut für Therapieforschung (IFT) entwickelt. Im Dezember 2004 übernahm die Gesellschaft für Standarddokumente und Auswertung (GSDA GmbH) das Programm vom IFT und ist seither für die Weiterentwicklung und den organisatorischen Betrieb des Systems verantwortlich.

Ebis wird auf der Homepage der GSDA als komplexes Softwarepaket beworben, das der Unterstützung gesundheitlicher und sozialpolitischer Ziele sowie der administrativen und therapeutischen Arbeit dient. In fachlicher Hinsicht basiert es auf einem Set standardisierter Kern- und Fachdatensätze.

---

13 Begriffsdefinition und Erläuterungen aus Meyer/Nickel (2003), S. 18ff
14 Vgl. Meyer/Nickel (2003), S. 12
15 Vgl. www.gsda.de, www.social-software.de und Strobl/Schiessl/Weissbach (2008), S. 2

Betreffend der spezifischen Anwendungen, wird eine große Bandbreite der Einsetzbarkeit des Programms angekündigt: Neben der Verwaltung von Daten und Dokumenten, der Dokumentation von Klientenmerkmalen, Hilfeplanung und Behandlungsergebnissen sowie der Leistungsabrechnung, gehört die jährliche Datenauswertung für Einrichtungstärger, Dachverbände und öffentliche Kostenträger zu den zentralen Funktionen der Software.

Mit dem flexiblen, integrativen Aufbau bestehend aus Grundversion und verschiedenen Zusatzmodulen wird mit Ebis versucht, das gesamte Spektrum der ambulanten und stationären Gefährdetenhilfe abzudecken. So zählen u. a. Sozial- und Schwangerschaftsberatung, der Sozialpsychiatrische Dienst sowie die Wohnungslosen-, Straffälligen- und Suchtkrankenhilfe zu den Tätigkeitsfeldern, in denen Ebis verwendet werden kann.

Laut GSDA gibt es derzeit insgesamt mehr als 750 Einrichtungen, die das System nutzen. Die Suchtkrankenhilfe ist mit ca. 490 Anwendern aus dem ambulanten und knapp 70 Anwendern aus dem stationären Bereich mit Abstand das größte Einsatzfeld der Software.

2.2 Kurze Einführung in das Programm

Um nun den Aufbau des Ebis-Programms für die Suchtkrankenhilfe kurz vorzustellen, bietet es sich aus Gründen der Übersichtlichkeit an, die verschiedenen Funktionalitäten zunächst in die üblicherweise in Fachsoftware für die Soziale Arbeit vorzufindenden Hauptgruppen zu unterteilen. Hierzu gehören die Leistungsabrechnung und Klientenverwaltung, die Bedarfserhebung, Hilfeplanung und Dokumentation sowie die Auswertung und Steuerung[16], für die nun jeweils beispielhafte Einblicke gegeben werden.

2.2.1 Leistungsabrechnung und Klientenverwaltung

Der Bereich der Leistungsabrechnung bezieht sich auf die gesamten administrativen und verwaltungstechnischen Aufgaben, wie automatisierte Leistungsberechnungsmodalitäten, Datenschnittstellen zur papierlosen

---

16 Vgl. Kriedenweis, Helmut (2005), S. 56ff

Übertragung von Daten an den Leistungs- und/oder Kostenträger sowie die elektronische Terminverwaltung und interne Planung.

Die Klientenverwaltung umfasst darüber hinaus die Übersicht und Eingabemöglichkeiten bzgl. demografischer Angaben, wie Adresse, persönliche Daten, Angehörige und Betreuungszeiten der Adressaten.[17]

Ebis bietet diesbezüglich eine standardisierte Leistungsdokumentation, die Listung von Kontaktpersonen, Leistungsträger und Leistungsarten sowie die Möglichkeit Gruppensitzungen und Veranstaltungen zu planen. Ein allgemeiner, mitarbeiter- und klientenbezogener Terminkalender[18] ist ebenso integriert wie auch ein Abrechnungs- und Formularwesen und eine Schnittstelle für den Datenexport aus dem System zu Excel. Daneben gibt es noch einen Bogen zur detaillierten Beschreibung der Einrichtung.

Für die Verwaltung der Klientendaten hält das System Ein- und Ausgabemasken für Stamm-, Kern-, Basis- und Zugangsdaten, entsprechend dem europäischen und deutschen Kerndatensatz, bereit. Hier können u. a. grundlegende Informationen wie Name und Adresse, Bezugspersonen, Betreuungsbeginn, -grund und -ende festgehalten werden. Die Erhebung von Vorgeschichte, Problembereichen, bereits erfolgter Maßnahmen, medikamentöser Behandlung sowie von soziodemografischen Informationen ist ebenfalls in eigenen Programmmasken möglich.[19]

2.2.2 Bedarfserhebung, Hilfeplanung und Dokumentation

Die Bedarfserhebung, Hilfeplanung und Dokumentation gehören zu den zentralen Funktionen im Bezug auf die eigentlichen Hilfeprozesse. Kernelemente sind hier die Erfassung von Problemen und Ressourcen der Betroffenen sowie der geplanten Hilfen und Maßnahmen und die quantitative bzw. qualitative Dokumentation der erbrachten Leistungen.[20]

Neben den bereits beschriebenen klientenbezogenen Erhebungsinstrumenten werden diese Maßgaben im Ebis-System durch verschiedene weitere Eingabemöglichkeiten realisiert. Es existieren Masken zur Diagnostik der

---

17 Vgl. ebd., S. 57
18 Siehe Abb. 1: Terminkalender
19 Siehe Abb. 2: Klienten, Abb. 3: Kerndaten – Soziodemographische Daten und vgl. Strobl/Schiessl/Weissbach (2008), S. 16
20 Vgl. Kreidenweis, Helmut (2005), S. 58

substanzbezogenen Störungen und anderen gesundheitlichen Einschränkungen nach den Richtlinien der ICD 10.[21] Im Falle einer betreuenden oder begleitenden Leistung steht ein optionaler betreuungsbezogener Fragebogen zur Verfügung, um die Situation der Klienten während der Maßnahme zu dokumentieren. Hierzu gehören u. a. Kategorien wie Aufnahmestatus, Familie und Wohnen, Arbeit und Finanzen, Justiz und Problemfelder oder betreuungsbegleitende Maßnahmen.[22] Darüber hinaus ist es mittels frei formulierbarer Zusatzfragen möglich, das Profil des Klienten noch detaillierter zu erfassen.

Unter dem Menüpunkt Hilfeplanung kann zunächst die Lebens- und Bedarfslage der Betroffenen nach 12 unterschiedlichen Dimensionen, angefangen vom Suchtmittelkonsum über die gesundheitliche Verfassung bis hin zur sozialen Situation und der Tagesstruktur, bewertet werden. Entsprechend der sich daraus ergebenden Bedarfseinschätzung lassen sich anschließend Ziele, Teilziele und dazu notwendige Interventionen definieren und planen.[23]

Eine zeitbezogene Bewertung des Beratungs- bzw. Behandlungsfortschritts findet sich in einer dazugehörigen Verlaufsmaske wieder. Auch eine Verknüpfung zur Textverarbeitung (Word) ist vorhanden und ermöglicht so die Datenübernahme in vordefinierte Dokumentations- und Berichtsvorlagen.

Als eine etwas komprimiertere Alternative zum Hilfeplanungsinstrument ist das Zusatzmodul des Psychosozialen Ressourcenorientierten Diagnostiksystems (PREDI) zu verstehen, das ebenso zur Erfassung der Lebenslage eines Klienten und zur Therapie- und Hilfeplanung eingesetzt werden kann.[24]

2.2.3 Auswertung und Steuerung

Eine Auswertungsfunktion der Software, mit welcher statistische Daten erhoben und Kennzahlen generiert werden können, ist im Hinblick auf die

---

21 Siehe Abb. 4: Diagnostik – Psychotope Substanzen
22 Siehe Abb. 5: Optionale Fragen – Aufnahme
23 Siehe Abb. 6: Hilfeplanung - und Strobl/Schiessl/Weissbach (2008), S. 68 - 79
24 Vgl. Strobl/Schiessl/Weissbach (2008), S. 80ff

Qualitätssicherung und Legitimation der eigenen Arbeit gegenüber dem Kostenträger von wesentlicher Bedeutung. Für ein wirksames Controlling und die Steuerung von Seiten des Management ist die differenzierte Evaluation der Einrichtungsdaten natürlich von hoher Relevanz.[25]

Diesen Aufgabenbereich deckt Ebis durch eine integrierte Statistikfunktion ab, mit welcher eine quantitative Erhebung und eine jährliche einrichtungsspezifische und/oder Gesamtauswertung durchführbar sind. Ein optionaler Katamnesebogen kann zur Nachbefragung von Klienten bei Bedarf in das System integriert werden.

3 BEWERTUNG DES PROGRAMMS

Nach diesem ersten Abriss des Programms werden in der Bewertung nun die einzelnen Funktionen von Ebis noch konkreter dargestellt, erläutert und kritisch reflektiert.

Wie schon erwähnt ist die Nutzungsqualität abhängig von der Gebrauchstauglichkeit (Useability) einer Software im Bezug auf den jeweiligen Nutzungskontext. Dementsprechend kann die Hilfe für Substanzabhängige mit Fachsoftware nur dann effizient, effektiv und zufriedenstellend unterstützt werden, wenn die dazu eingesetzte Technologie sowohl ergonomischen als auch fachlichen Mindestanforderungen genügt.[26]

3.1 Software-ergonomische Anforderungen

Die der Software-Ergonomie zugrunde liegenden Gestaltungsempfehlungen orientieren sich dabei an verschiedenen Erkenntnissen über das menschliche Arbeits-, Lern- und Regulationsverhalten sowie an der visuellen Aufnahmefähigkeit und der begrenzten menschlichen Gedächtnisleistung.[27]

---

25 Vgl. ebd., S. 59
26 Vgl. Kriterienkatalog nach DIN EN ISO 9241, ergänzt durch: Kreidenweis (1993), S. 425 – 433, Kreidenweis (2009): Fachsoftware für die Soziale Arbeit (Seminarunterlagen) und Rudolf, Christiane (2006), S. 56 – 60
27 Vgl. Rudolf, Christiane (2006), S. 57f

3.1.1 Verständlichkeit und Erwartungskonformität

Zunächst sollte die Software und ihre verschieden Funktionsweisen leicht verständlich sein und „den Kenntnissen und Erfahrungen der Benutzer entsprechen."[28] Im Idealfall orientiert sich ein Programm an dem mentalen bzw. inneren Modell, das sich der Anwender von Struktur und Zweck des Systems macht, so dass sich die Komplexität fast intuitiv verstehen lässt.[29]

Hierzu gehört natürlich eine inhaltlich klare Gliederung, Aufteilung und Gestaltung der Bildschirmmasken, der Eingabefelder und der dargestellten Informationen.[30] Auch die einzelnen Programmabläufe, die verwendeten Begriffe und die Ein- und Ausgabemodalitäten müssen bekannt, schlüssig und erwartungsgemäß sein und dabei einer durchgängigen Bedienungslogik folgen.[31]

Ebis überzeugt hier durch die zwar einfache dafür aber größtenteils leicht verständliche Bildschirm- und Maskenaufteilung. Die Grundstruktur ähnelt den gängigen und bekannten Windows-Anwendungen. Sie gliedert sich auf in das oben horizontal angebrachte Hauptmenü und einer darunterliegenden Symbolleiste sowie dem links vertikal angeordneten Register der Ein- und Ausgabebögen. Das zentrale Element ist die große Anzeigefläche für die Masken, innerhalb derer wiederum mittels Dateireitern zu weiteren Formbögen gewechselt werden kann.

Für eine sozialpädagogische oder therapeutische Fachkraft sind die Menüpunkte, die verwendeten Begriffe und der damit verknüpfte Zweck der Anwendungen eindeutig. Auch die Funktionsweise der Masken selbst folgt, mit den gleichartigen Ein- und Ausgabemodalitäten einer durchgängigen und verständlichen Logik. Daneben ist es der Übersichtlichkeit und Verständlichkeit des Programms zuträglich, dass je nach konzeptioneller Ausrichtung der Einrichtung Module hinzugefügt bzw. weggelassen werden können.

Davon abgesehen wirken jedoch einige Dialogfenster unübersichtlich und überladen, bei anderen wiederum entspricht die Anordnung der Inhalte nicht dem zur Verfügung stehenden Platz und die Masken wirken leer und

---

28 Meyer/Nickel (2003), S. 13
29 Vgl. Rudolf, Christiane (2006), S. 57
30 Vgl. Kreidenweis, Helmut (2009) und (1993), S. 426
31 Vgl. ebd.

unvollständig.[32] Die visuelle Darstellung und das Design der Software, wie bspw. die Farbwahl, die Aufteilung der Masken oder die ohne technische Feinheiten auskommende Bedienbarkeit erscheint insgesamt sehr überholungsbedürftig.

3.1.2 Selbstbeschreibungs- und Lernfähigkeit

Eng mit den vorangegangenen Kriterien verknüpft ist die Selbstbeschreibungs- und Lernfähigkeit eines Programms. Einsatzzweck und Funktionsumfang sollten kontinuierlich deutlich sein oder durch Angaben über die jeweiligen Dialogabläufe ersichtlich werden.

Die Handhabung sollte stufenweise erlernbar sein und mit der Anwendung der Software einhergehen.[33] Klartext-Anzeige- und Eingabemöglichkeiten, kontextbezogene Online-Hilfefunktionen oder Kurzbeschreibungen der Menüpunkte sind hier von Vorteil. Eine gute Hilfe bietet aber auch ein übersichtliches Handbuch zur Software.[34]

Wie bereits erwähnt sind die im Ebis verwendeten Begriffe meist eindeutig. Auch durch die hervorgehobenen Menüpunkte und Überschriften fällt zumindest die oberflächliche Orientierung innerhalb des Programms relativ leicht. Mittels der rechten Maustaste lassen sich bei den verschiedenen Erhebungsinstrumenten Auswahllisten anzeigen, wodurch die Eingabemöglichkeiten unmissverständlich deutlich werden.

Allerdings ist die Selbsterklärungsfähigkeit der links angeordneten Menüleiste aber auch einiger Maskeninhalte aufgrund unübersichtlicher und wenig differenzierter Formatierungen der Bezeichnungen und Anzeigeflächen recht begrenzt. Hier wurde oftmals keine optische Unterscheidung zwischen wichtigen und weniger wichtigen Punkten getroffen, was das Zurechtfinden in der Software erschwert.

Hilfefunktionen sind sowohl im Hauptmenü als auch in der Symbolleiste enthalten, jedoch konnten diese Anwendungen in der vorliegenden Testversion des Programms nicht weiter untersucht werden.

---

32 Siehe Abb. 4: Diagnostik – Psychotrope Substanzen und Abb. 7: Verlauf - Suchtmittelkonsum
33 Vgl. Meyer/Nickel (2003), S. 13
34 Vgl. Kreidenweis, Helmut (2009) und (1993), S. 427

Was Hinweise und Kurzbeschreibungen betrifft, so wird zwar bspw. mit einer Bewegung des Mauspfeils auf die Symbole deren Funktion angezeigt, weitere kontextuale Beschreibungen oder Beispielangaben bzgl. wichtiger Funktionsweisen und Eingabemöglichkeiten bleiben dagegen gänzlich aus.

Dennoch lässt sich mit etwas Übung und unter zur Hilfenahme des umfangreichen aber gut strukturierten und verständlichen Handbuchs der Umgang mit Ebis schnell erlernen.

3.1.3 Steuerbarkeit und Individualisierbarkeit

Eine gute Steuerbarkeit ist dann gegeben, wenn die Dialogabläufe des Systems möglichst analog zu den tatsächlichen Arbeitsprozessen gestaltet sind und der Anwender Ablauf und Reihenfolge der Ein- und Ausgaben selbst beeinflussen kann.[35]

Daneben bedeutet die Individualisierbarkeit die Anpassbarkeit des Programms bzw. der Maskeninhalte und der Ein- und Ausgabemöglichkeiten an die Erfordernisse des Arbeitskontextes sowie an die individuellen Fähigkeiten, Arbeitsstile und Nutzerpräferenzen.[36]

Für die Arbeit im Kontext der Suchtkrankenhilfe sind in Ebis alle relevanten Erhebungs- und Dokumentationsinstrumente enthalten und alle Programmfunktionen zugänglich. Die Registeranordnung der einzelnen Menüpunkte entspricht m. E. dem tatsächlichen Hilfeprozess, angefangen von der Aufnahme bzw. dem Beratungs- oder Betreuungsbeginn und der dazugehörigen Stamm- und Kerndatenerfassung über die Diagnose und Hilfeplanung bis zur begleitenden und abschließenden Bewertung des Hilfeverlaufs.

Warum manche Programmbausteine wie die optionalen Fragen, die Zusatzfragen, die Hilfeplanung und das PREDI als eigene Zusatzmodule konzipiert wurden und nicht als ein einheitliches Instrument zur umfassenden Bedarfsermittlung, Interventions- und Zielplanung, lässt sich nur damit erklären, dass das Programm im Laufe seiner Entwicklung sukzessive entsprechend den Anforderungen der Praxis ergänzt und

---

35 Vgl. Meyer/Nickel (2003), S. 13
36 Vgl. Meyer/Nickel (2003), S. 13, Kreidenweis, Helmut (2009) und (1993), S. 427

erweitert wurde.

Etwas unlogisch scheint aber auch die Verortung des Kalenders, der sich zwischen den sonstigen Menüpunkten befindet, obwohl die Terminverwaltung eine eher prozessüberbergreifende Funktion hat und nicht in den eigentlichen Verlauf des Hilfeprozesses passt.

Sonstige Funktionen, die die Steuerung beschleunigen oder erleichtern, beschränken sich auf die Klienten- und Kontaktpersonensuche nach Namen, Code oder Aktenzeichen, die Anzeige entweder aller oder nur aktueller Klienten und den Drob-down-Menüs in den Masken. Umfangreiche Such- und Filtermöglichkeiten nach Mitarbeitern, Kooperationseinrichtungen, Maßnahmen usw. oder eine komfortable Bedienung über die Tastatur stehen nicht zur Verfügung.

Betreffend der Individualisierbarkeit gibt es, außer das Ebis-System mit den optionalen Modulen zu bestücken, die Leistungsarten und Zusatzfragen selbst zu definieren und die Listen der Leistungsträger oder der Kontaktpersonen anzulegen, keine Möglichkeit die Strukturen, Anordnungen und Bezeichnungen der Masken und deren Inhalte flexibel zu gestalten oder beliebig zu erweitern.

3.1.4 Fehlertoleranz und Sicherheit

Ein weiteres wichtiges Kriterium ist die Fehlertoleranz des Systems. Allem voran muss gewährleistet sein, dass der Programmablauf fehlerfrei und auch bei evtl. Fehlbedienung stabil funktioniert. Bei falscher Handhabung müssen Fehler erkannt, verständlich beschrieben und „mit begrenztem Arbeitsaufwand beseitigt werden können.“[37]

Der Datenschutz und die Datensicherheit spielen „hinsichtlich der personenbezogenen Daten, die im Bereich der Sozialwirtschaft verarbeitet werden, eine bedeutende Rolle.“[38] Um unbefungtes Auslesen, Ändern oder Löschen von Datensätzen zu verhindern ist es deshalb notwendig frei und individuell vergebbahre Nutzungs- und Zugriffsrechte definieren zu können. Darüber hinaus sollte das System über eine historische Datenhaltung

---

37 Meyer/Nickel (2003), S. 13
38 Rudolf, Christiane (2006), S. 59

verfügen und den Nutzer durch Sicherheitsabfragen vor irreversiblen Bedienschritten warnen.[39]

Im Testbetrieb des Systems wurden keine gravierenden Fehler im Programmablauf festgestellt. Falsche Eingaben in Feldern, bei denen eine begrenzte Auswahl von Möglichkeiten zur Verfügung steht, werden angezeigt und auch vor der Löschung von Datensätzen bekommt der Anwender einen nochmaligen Hinweis. Eine Plausibilitätsprüfung betreffend der Richtigkeit der Daten findet allerdings nur bei den Geburtsdaten der Klienten statt.

Bzgl. der Sicherung von Daten verfügt das Programm über eine historische Datenhaltungsfunktion in welcher alle Änderungen von wichtigen Informationen festgehalten werden. Darüber hinaus können Rücksicherungen des Datenbestandes vorgenommen werden.

Das Programm selbst ist mit einer individuellen Nuterkennung und einem Passwort vor unbefugten Zugriffen geschützt. Da dieser Schutz sich ausschließlich auf die Software bezieht und die Datensätze trotzdem ausgelesen werden können ist jedoch zusätzlich ein Systemschutz notwendig.

Änderungen der Klientendaten können nur von der jeweils behandelnden oder betreuenden Fachkraft vorgenommen werden. Diese Zugriffsrechte können aber in der Benutzerverwaltung auch für eine Vertretung freigeschaltet werden. Eine detaillierte Rechtevergabe für einzelne Programmbereiche ist dagegen nicht möglich.

3.2 Fachliche Anforderungen

Im Gegensatz zur ergonomischen Gestaltung einer Software sind mit dem Stichwort Aufgabenangemessenheit die inhaltlichen bzw. fachlichen Anforderungen an ein System zu verstehen. D. h., das Programm muss die Erledigung der Arbeitsaufgabe unterstützen und die dafür erforderlichen Funktionalitäten zur Verfügung stellen, um damit ein effizientes Arbeiten zu ermöglichen.[40]

---

39 Vgl. Kreidenweis, Helmut (2009) und (1993), S. 426
40 Vgl. Meyer/Nickel (2003), S. 12

Obwohl diesbezüglich schon einige Aspekte unter Punkt 2.2.2 (Bedarfserhebung, Hilfeplanung und Dokumentation) und teils auch unter Punkt 3.1.3 (Steuerbarkeit und Individualisierbarkeit) angesprochen wurden, soll hier nochmals vertieft werden, inwieweit sich das Ebis-System an den Professionsansprüchen, den theoretischen Modellen, methodischen Standards und Kernprozessen der Suchtkrankenhilfe orientiert.

3.2.1 Case Management als methodische Grundlage

Die Entstehung und Aufrechterhaltung von Substanzabhängigkeit gilt heute als ein „multifaktorielles Geschehen, das durch die gegenseitige Beeinflussung innerhalb der Trias Droge-Person-Umwelt bestimmt wird."[41] Dieses Ursachendreieck der Sucht verdeutlicht, dass sowohl bei der Erklärung als auch bei der Veränderung von Drogenmissbrauch bzw. Drogenabhängigkeit die pharmakologischen Eingenschaften der Droge, die Persönlichkeit des Konsumenten wie auch dessen ökosoziales Umfeld miteinbezogen werden müssen.

In methodischer Konsequenz werden personenzentrierte Verfahren aus der Verhaltens- und Tiefenpsychologie sowie aus den Erkenntnissen der Änderungsmotivation angewandt. Aufgrund der i. d. R. multikausalen Problematik, die hinter der Abhängigkeit steht, hat sich aber der ganzheitliche Ansatz des Case Managements in der Suchtkrankenhilfe als besonders erfolgreich erwiesen.[42]

Auch für die Abbildung der methodischen Vorgehensweise in einer Software bietet das Case Management einen brauchbaren Maßstab. Dabei ist es weniger als direkt anwendbare Maßnahme zu verstehen, sondern eher als übergeordnetes Modell das den phasischen Ablauf des Hilfeprozesses vom Beginn der Beratungs-, Behandlungs- oder Betreuungsleistungen bis zu deren Ende vorstrukturiert und damit entsprechende Prozess- und Dokumentationsstandards vorgibt.

Ob und inwieweit sich das Ebis-System an den Vorgaben des Case Management orientiert, wird der Vergleich mit den einzelnen Prozessschritten zeigen.

41 Schmidt/Alte-Teigeler/Hurrelmann 1999, S. 50
42 Vgl. Wendt, W.R. (2008), S. 218

3.2.2 Kontaktaufnahme und Zugang

Beim Zugang oder dem Intake ist zunächst „die Zuständigkeit zu prüfen und Stammdaten [...] festzuhalten."[43] Darüber hinaus soll eine erste Problemeinschätzung entwickelt, die nächsten Schritte vereinbahrt und ggf. an eine andere Fachstelle verwiesen werden.[44]

Im Ebis-Programm stehen für die erste Datenaufnahme die bereits angesprochenen Formularbögen zu Stamm- und Kerndaten zur Verfügung. Ebenso können hier die Art der Kontaktaufnahme und der Betreuungsgrund vermerkt werden. Die Planung der weiteren Termine kann über den integrierten Kalender erfolgen.

Um der Person jedoch zeitnah Auskünfte über sonstige Leistungen oder über entsprechend geeignetere Einrichtungen geben zu können, fehlt ein umfangreicheres Verzeichnis über regionale Hilfs- und Unterstützungsangebote, Fachdienste oder Behörden.

3.2.3 Assessment, Bedarfsanalyse und Hilfeplanung

Im Assessment und der Bedarfsanalyse geht es um die systematische Erfassung der gesamten Lebenslage einer Person, um die Komplexität der persönlichen Verhältnisse zu verstehen und sich ein Bild von den Ursachen der Probleme zu machen.[45] Hier sind neben den Defiziten und aktuellen Risiken auch die Ressourcen und Potentiale des Klienten zu erheben.[46]

Darüber hinaus ist es für den weiteren Verlauf des Hilfeprozesses wichtig gemeinsame Problemdefinitionen zu finden, deshalb sollte die Situation sowohl aus der Perspektive der Fachkraft als auch aus der Perspektive des Betroffenen betrachtet und festgehalten werden.[47]

Auf Grundlage des festgestellten Bedarfs und der einsetzbaren Ressourcen können dann das weitere Vorgehen, die Ziele und Teilziele wie auch die dazu erforderlichen Maßnahmen geplant werden. Die Ziele sollen dabei konkret formuliert, motivierend, nachprüfbar und mit einem Zeitrahmen

---

43 Klug, Wolfgang (2003), S. 53
44 Vgl. Wendt, W.R. (2008), S. 122
45 Vgl. ebd., S. 125
46 Vgl. Klug, Wolfgang (2003), S. 53
47 Vgl. Wendt, W.R. (2008), S. 129

versehen sein.[48]

Im Ebis-Programm werden der Konsumstatus, der Grad des Missbrauchs oder der Abhängigkeit von Suchtmitteln und eine mögliche Komorbidität im Diagnostikbogen festgehalten. Die Erfassung der Bedarfs- und Lebenslage kann gemäß dem jeweiligen Aufgabenfeld der Einrichtung durch die verschiedenen dafür installierbaren Zusatzmodule vorgenommen werden.

Neben den Dokumentationsmöglichkeiten in Kerndatenbogen und den optionalen Fragen die Masken der Hilfeplanung das umfangreichste Erhebungsinstrument. In den einzelnen 12 Dimensionen ist die Situation jeweils nach Zufriedenheit des Klienten, Problembelastung, Dringlichkeit, Veränderungsmotivation und Ressourcen zu beurteilen. Auch die Sichtweise des Klienten bzgl. der anzustrebenden Veränderungen kann hier festgehalten werden. Eine Möglichkeit das Assessment nochmals zu differenzieren und weitere Beurteilungskriterien frei zu definieren ergibt sich durch den Zusatzfragebogen. Allerdings besteht hier keine Verknüpfung mit der Hilfeplanmaske.

Die Ziel- und Maßnahmenplanung ist ebenfalls in der Hilfeplanung enthalten. Die Globalziele sind hier bereits vorgegeben und können bis auf eine Freitexteingabe unter sonstige nicht geändert werden. Die Teilziele hingegen sind wiederum frei formulierbar. Ähnlich ist das dazugehörige Maßnahmenformular gestaltet, in dem wiederum eine Reihe von feststehenden Interventionen ausgewählt werden können. Ein direkter Bezug besteht jedoch weder zu den Zielen und Teilzielen, was eine exakte Planung erheblich erschwert, noch entsprechen die Maßnahmen dem integrierten Leistungskatalog.

Das große Defizit der Bedarfsermittlung und Hilfeplanung liegt aber im Grad der Standardisierung der Eingabemodalitäten, die sich auf sehr begrenzte Auswahlmöglichkeiten wie ja/nein, gar keine/geringe/weder noch/ deutliche/sehr hohe, usw. beschränken. Es ist deshalb keine weitere Differenzierung und genauere Beschreibung bzw. Begründung der Probleme, Ressourcen, Ziele und Maßnahmen möglich, womit die Aussagekraft der festgehaltenen Daten sehr dürftig ausfällt.

---

48 Vgl. Klug, Wolfgang (2003), S. 54 und S. 92

Auch das PREDI, das zwar teilweise Freitexteingaben vorhält, ist dazu keine gelungene Alternative.

3.2.4 Durchführung und Monitoring

Die Durchführung der Hilfen orientiert sich natürlich an der vorausgegangenen Planung. Die Fort- bzw. Rückschritte und die Zielerreichung werden dabei permanent beobachtet und überwacht, um auf evtl. Veränderungen adäquat und schnell mit einer Anpassung der Vorgehensweise oder der Ziele reagieren zu können.[49]

In Ebis ist eine Verlaufsdokumentation in einer entsprechenden Maske durchführbar.[50] Es können hier bezogen auf die Anzahl und Dauer der Kontakte die Zielerreichungsgrade in Porzentwerten verzeichnet werden. Weitere Bögen dienen der Mitschrift von Drogenscreenings, Rückfällen und zeitbezogen Bemerkungen zum Verlauf. Und es besteht die Möglichkeit, während der Betreuung oder Behandlung neue Ziele zu definieren. Die Gelegenheit die einzelnen Bewertungen aussagekräftig zu kommentieren ist jedoch auch hier nicht gegeben.

3.2.5 Evaluation und Beendigung

Durch die Evaluation soll der Gesamtprozess hinsichtlich Effizienz, Effektivität und Zufriedenheit des Klienten bewertet werden. Bezogen auf den Einzelfall kann sich die Evaluation „an der individuellen Lebenslage orientieren, also daran, was sich in den einzelnen Dimensionen getan hat."[51]

Eine Beendigung des Prozesses ist dann angezeigt, wenn die Ziele abgearbeitet und keine neuen Ziele mehr aufgestellt werden können bzw. müssen. „Es muss dabei sichergestellt sein, dass die Fähigkeiten des Klienten zur eigenen Lebensbewältigung in ausreichendem Maße vorhanden sind"[52] oder er in eine Anschlußmaßnahme vermittelt werden kann.

---

49 Vgl. Klug, Wolfgang (2003), S. 54
50 Siehe Abb. 7: Verlauf - Suchtmittelkonsum
51 Wendt, W.R. (2008), S. 146
52 Klug, Wolfgang (2003), S. 106

Zum Zweck der Evaluation kann in Ebis die Dokumentation des Verlaufs herangezogen werden. Die Effektivität lässt sich aus den Zielerreichungsgraden ablesen und in Relation mit der dafür benötigen Zeit und der Anzahl der Sitzungen ergeben sich Anhaltspunkte bzgl. der Effizienz der durchgeführten Leistungen. Um Aussagen über die Zufriedenheit des Klienten treffen zu können, besteht die Möglichkeit eine Katamnese durchzuführen.

Betreffend der Beendigung wird in den Abschlussdaten – allerdings wieder in standardisierter Form – die Art der Beendigung festgehalten, sowie der Konsumstatus und die psychosoziale Situation bewertet. Ebenso ist hier, falls eine Weitervermittlung stattgefunden hat, diese zu vermerken.

3.3 Prozessübergreifende Anforderungen

Zum Bereich der prozessübergreifenden Anforderungen, die an die Software gestellt werden, gehören Aspekte wie die Partizipationsmöglichkeiten für die Klienten, die Nutzung des Programms zu Team- und Fallbesprechungen und die Statistikfunktionen.[53]

Um Bedarfsermittlung, Hilfeplanung oder den Verlauf für Klienten und/oder Teammitgliedern anschaulich darzustellen, hält Ebis keine geeigneten Ausgabeformen bereit.

Eine Gesamt- und Teilauswertung kann über den Menüpunkt Statistik hinsichtlich mehrerer Kriterien und Filterfunktionen vorgenommen und in Excel-Tabellen ausgegeben werden.

Die Fremdevaluation wird mittels anonymisierter Datenübermittlung vom IFT sowohl hinsichtlich der Daten aller teilnehmenden Einrichtung als auch für jede einzelne Einrichtung durchgeführt und wird den Nutzern von Ebis zur Verfügung gestellt.

4 ZUSAMMENFASSUNG UND FAZIT

Im Hinblick auf die Nutzungsqualität des Ebis-Systems lässt sich zusammenfassend feststellen, dass es sowohl einige Vorzüge aber auch

---

53 Vgl. Kreidenweis, Helmut (2009)

erhebliche Defizite aufweist.

Die geringe Komplexität und der einfache Aufbau mit der Option Module je nach Bedarf zu integrieren gehören zu den auffälligsten Stärken des Programms. Und sicherlich ist dies der leichten Verständlichkeit sowie dem zügigen Erlernen der Bedienung durchaus zuträglich.

Trotzdem geht dieser Mangel an technischen Feinheiten auf Kosten einer komfortablen Steuerbarkeit und Individualisierbarkeit, was sich bei mittel- bzw. langfristiger Anwendung der Software schnell als unflexible, stark eingeschränkte und letztlich ineffiziente und unzufriedenstellende Nutzbarkeit herausstellen wird.

In fachlicher Hinsicht genügt Ebis zumindest auf dem ersten Blick den professionellen Ansprüchen an eine theoretisch fundierte Abbildung der tatsächlichen Kernprozesse. Bei näherer Betrachtung wird jedoch deutlich, dass der in ausnahmslos allen Programmbereichen und Erfassungsbögen vorfindliche hohe Standardisierungsgrad weder den komplexen Problem- und Lebenslagen der Adressaten noch dem ganzheitlichen methodischen Ansatz der sozialarbeiterischen Praxis entspricht, sondern lediglich der Auswertbarkeit der klienten- und einrichtungsbezogenen Daten dient.

Ohne Zweifel ist es, abgesehen von diversen kleineren Schwächen, vor allem dieser Aspekt des Programms, der die Unterstützungsmöglichkeiten der eigentlichen Klientenarbeit erheblich schmälert und die Anwendbarkeit größtenteils auf eine bloße, für den Nutzer lästige und zeitraubende, Dokumentation bzw. Produktion von stereotypischen Datensätzen reduziert.

Meines Erachtens ist auf dem Hintergrund der hier dargelegten Untersuchung des Einrichtungsbezogenen Informationssystems für die Suchtkrankenhilfe der Entwicklungs- und Verbesserungsbedarf der Software deutlich geworden. Die Nutzungsqualität der aktuellen Ebis-Version kann deshalb nur als mangelhaft bewertet werden.

LITERATURVERZEICHNIS

Anstadt, Ulrich (1994): Determinanten der individuellen Akzeptanz bei Einführung neuer Technologien, Frankfurt am Main

Bürg/Mandl (2004): Akzeptanz von E-Learning in Unternehmen (Forschungsbericht Nr. 167), Ludwig Maximilians Universität München, Department Psychologie, Institut für Pädagogische Psychologie, München

Göppner/Hämäläinen (2004): Die Debatte um Sozialwissenschaft. Auf der Suche nach Elementen für eine Programmatik, Freiburg im Breisgau

Halfar, Bernd (1997): Sozialinformatik unerlässlich, in: Blätter der deutschen Wohlfahrtspflege, Jg. 6/1997, S. 113 – 117

Klassen, Michael (2006): Informationstechnologie und Soziale Arbeit: Chancen oder Risiken?, in: in: Forum Sozial, Jg. 4/2006, S. 50 – 52

Klug, Wolfgang (2003): Mit Konzept planen - effektiv helfen. Ökosoziales Case Management in der Gefährdetenhilfe, Freiburg

Kreidenweis, Helmut (2009): Fachsoftware für die Soziale Arbeit, Seminarunterlagen aus dem Sommersemester 2009, Fakultät für Soziale Arbeit an der Kath. Universität Eichstätt-Ingolstadt

Kreidenweis, Helmut (2008): Wem und wozu nutzt Fachsoftware für die Soziale Arbeit?, in: Forum Sozial, Jg. 4/2008, S. 21 – 24

Kreidenweis, Helmut (2008): Eine neue Disziplin formiert sich. Zum Stand der Sozialinformatik in Deutschland, in: Blätter der Wohlfahrtspflege, Jg. 1/2008, S. 28 – 3

Kreidenweis, Helmut (2005): Sozialinformatik, Baden-Baden

Kreidenweis, Helmut (1997): Software für die Sozialarbeit. Aktuelle Trends und nüchterne Analysen, in: Blätter der Wohlfahrtspflege, Jg. 6/1997, S. 115 – 117

Ley, Thomas (2006): Software in der Sozialen Arbeit – Cultural Lag oder Technological Fix?, in: in: Forum Sozial, Jg. 4/2006, S. 44 – 46

Meyer, Inga/Nickel, Peter (2003). Nutzungsqualität von Software. Grundlegende Informationen zum Einsatz von Software in Arbeitssystemen, in: Verwaltungs-Berufsgenossenschaft (Hrsg.): Schriftreihe Prävention,

Ausgabe: April 2003, Hamburg

Rabeneck/Antrack (2006): Computer & Co.: Bin ich schon drin?, in: Forum Sozial, Jg. 4/2006, S. 41 – 43

Rabeneck/Antrack (2006): Software fürs Soziale – ein Überblick, in: in: Forum Sozial, Jg. 4/2006, S. 47 – 49

Rudolf, Christiane (2006): Nutzungsqualität von Software. Software-Einsatz im Sozialbereich – Spagat zwischen Wirtschaftlichkeit und Wirksamkeit, in: Forum Sozial, Jg. 4/2006, S. 56 – 60

Strobl/Schiessl/Weissbach (2008): EBIS – Einrichtungsbezogenes Informationssystem. Manual für die Suchtkrankenhilfe und Sozialpsychiatrische Dienste, Höhenkirchen

Wendt, WR (2008): Case Management im Sozial- und Gesundheitswesen. Eine Einführung, Freiburg

Onlinequellen:

www.dhs.de – Deutsche Hauptstelle für Suchtfragen e. V.

www.sucht.de – Fachverband Sucht

www.gsda.de – Gesellschaft für Standarddokumente und Auswertung

www.ift.de – Institut für Therapieforschung

www.social-software.de – Softwarelösungen für die Sozialwirtschaft

BEI GRIN MACHT SICH IHR
WISSEN BEZAHLT

- Wir veröffentlichen Ihre Hausarbeit,
  Bachelor- und Masterarbeit

- Ihr eigenes eBook und Buch -
  weltweit in allen wichtigen Shops

- Verdienen Sie an jedem Verkauf

Jetzt bei www.GRIN.com hochladen
und kostenlos publizieren